BEI GRIN MACHT SICH IHR WISSEN BEZAHLT

- Wir veröffentlichen Ihre Hausarbeit, Bachelor- und Masterarbeit

- Ihr eigenes eBook und Buch - weltweit in allen wichtigen Shops

- Verdienen Sie an jedem Verkauf

Jetzt bei www.GRIN.com hochladen und kostenlos publizieren

Bibliografische Information der Deutschen Nationalbibliothek:

Die Deutsche Bibliothek verzeichnet diese Publikation in der Deutschen Nationalbibliografie; detaillierte bibliografische Daten sind im Internet über http://dnb.d-nb.de/ abrufbar.

Dieses Werk sowie alle darin enthaltenen einzelnen Beiträge und Abbildungen sind urheberrechtlich geschützt. Jede Verwertung, die nicht ausdrücklich vom Urheberrechtsschutz zugelassen ist, bedarf der vorherigen Zustimmung des Verlages. Das gilt insbesondere für Vervielfältigungen, Bearbeitungen, Übersetzungen, Mikroverfilmungen, Auswertungen durch Datenbanken und für die Einspeicherung und Verarbeitung in elektronische Systeme. Alle Rechte, auch die des auszugsweisen Nachdrucks, der fotomechanischen Wiedergabe (einschließlich Mikrokopie) sowie der Auswertung durch Datenbanken oder ähnliche Einrichtungen, vorbehalten.

Impressum:

Copyright © 2009 GRIN Verlag, Open Publishing GmbH
Druck und Bindung: Books on Demand GmbH, Norderstedt Germany
ISBN: 9783640505340

Dieses Buch bei GRIN:

http://www.grin.com/de/e-book/140185/ueber-rainer-werner-fassbinders-verfilmung-effi-briest-1974

Lisa Sangmeister, Franziska Rolapp

Über Rainer Werner Fassbinders Verfilmung "Effi Briest" (1974)

Umsetzung im Deutschunterricht

GRIN Verlag

GRIN - Your knowledge has value

Der GRIN Verlag publiziert seit 1998 wissenschaftliche Arbeiten von Studenten, Hochschullehrern und anderen Akademikern als eBook und gedrucktes Buch. Die Verlagswebsite www.grin.com ist die ideale Plattform zur Veröffentlichung von Hausarbeiten, Abschlussarbeiten, wissenschaftlichen Aufsätzen, Dissertationen und Fachbüchern.

Besuchen Sie uns im Internet:

http://www.grin.com/

http://www.facebook.com/grincom

http://www.twitter.com/grin_com

Rainer Werner Fassbinder: Effi Briest (1974) - Referatsausarbeitung

Philipps-Universität Marburg
Fachbereich 09: Germanistik und Kunstwissenschaften
Institut für Neuere Deutsche Literaturwissenschaft
MS: Theodor Fontane
Wintersemester 2008/9

Verfasst von:

Lisa Sangmeister
Franziska Rolapp

Inhaltsverzeichnis

1. Einleitung 3
2. Didaktische Möglichkeiten des Films 4
   2.1 Arbeitsblatt „Vorüberlegungen eines Regisseurs" 4
   2.2 Vom Text zum Film 5
      2.2.1 Aufgabenstellung und Durchführung 6
      2.2.2 Intention 8
      2.2.3 Reflexion 9
3. Fachwissenschaftliche Erläuterung 10
   3.1 Rainer Werner Fassbinders Biografie 10
   3.2 Verschiedene Verfilmungen des Romans 11
   3.3 Das Verhältnis von Literatur und Film 13
      3.3.1 Fassbinders *Effi Briest* 14
      3.3.2 Filmtechnische Umsetzung 15
      3.3.3 Rezeption des Films 18
   3.4 Vergleich mit Luderers Verfilmung 19
   3.5 Filmtechnische Motive 21
   3.6 Analyse einer Szene 24
4. Fazit 28
5. Literaturverzeichnis 30
   Internetquellen: 30
6. Anhang 31

1. Einleitung

(von Lisa Sangmeister)

Theodor Fontanes Romane sind seit jeher eine beliebte Vorlage für Filme. Allein *Effi Briest* wurde seit 1939 insgesamt fünfmal verfilmt. Die aktuellste Fassung der Regisseurin Hermine Huntgeburth ist zurzeit im Kino zu sehen. Auch andere Werke Fontanes sind beliebte Vorlagen für eine filmische Adaption, wie beispielweise *Frau Jenny Treibel* und *Mathilde Möring*, welche insgesamt dreimal verfilmt wurden (vgl. Biener, in: Grawe/Nürnberger 2000: 985). Doch was macht Fontanes Werke so beliebt für Film und Fernsehen? Und wie verfahren die verschiedenen Regisseure, insbesondere Rainer Werner Fassbinder, bei der Transformation von einem Medium (Literatur) in das andere Medium (Film)? Diese Fragen machten das Referatsthema aus fachwissenschaftlicher Sicht besonders interessant für uns.

Doch auch aus didaktischer Sicht sprach uns dieses Thema an. Das Medium Film ist äußerst beliebt und spielt in der Lebenswelt der Schülerinnen und Schüler eine wichtige Rolle. Viele Schülerinnen und Schüler schauen sich lieber einen Film an, als ein Buch zu lesen. Dieser Punkt kann im Unterricht genutzt werden. Die Verbindung von Film und Literatur im Unterricht dürfte auf die Schülerinnen und Schüler motivierend wirken und ihnen darüber hinaus die Besonderheiten der beiden Medien verdeutlichen. Während das Medium Film eine Fantasiewelt vorgibt, kann sich der Leser seine eigene Fantasiewelt schaffen.

Unser Referat besteht daher aus einem didaktischen Teil, welcher es uns ermöglicht ausgewählte Methoden im Umgang mit Literaturverfilmungen im Unterricht auszuprobieren. Während der zweite Teil des Referats das Thema aus fachwissenschaftlicher Sicht beleuchtet. An dieser Stelle werden wir unter anderen Fassbinders Umsetzung der literarischen Vorlage und seine besonderen filmtechnischen Mittel thematisieren und anhand von Beispielen veranschaulichen.

2. Didaktische Möglichkeiten des Films

Dieser erste Teil des Referats ermöglicht es uns zwei Methoden im Umgang mit Literaturverfilmungen im Deutschunterricht auszuprobieren. Das Arbeitsblatt „Vorüberlegungen eines Regisseurs" (siehe Anhang 1) soll einem ersten Einstieg dienen und insbesondere die Neugier der Seminarteilnehmer/innen auf den Film wecken. Im nächsten Schritt können die Seminarteilnehmer/innen dann selbst kreativ werden und eine Szene aus *Effi Briest* „filmisch" umsetzen.

2.1 Arbeitsblatt „Vorüberlegungen eines Regisseurs"

(von Lisa Sangmeister)

Der Umgang mit Literaturverfilmungen im Unterricht sollte ergänzend zur Beschäftigung mit dem jeweiligen Werk stattfinden. Das heißt, die Schülerinnen und Schüler sollten das Werk vorher gelesen haben und wichtige Aspekte sollten zuvor im Unterricht besprochen werden. Die Verfilmungen sollte somit in keinem Fall das Lesen des jeweiligen Werks ersetzen. Nur so können die Besonderheiten, Möglichkeit und Grenzen der beiden Medien erarbeitet und verdeutlicht werden.

Das Arbeitsblatt „Vorüberlegungen eines Regisseurs" (siehe Anhang 1) diente einem ersten Einstieg in das Thema Literaturverfilmungen. Die Seminarteilnehmer/innen sollten sich vorstellen selbst ein Regisseur zu sein und Fontanes *Effi Briest* verfilmen zu wollen. Im Rahmen dessen trafen sie verschiedene Vorüberlegungen, indem sie fünf Fragen beantworteten, welche die Wahl der Darsteller/innen und den Umgang mit der literarischen Vorlage betrafen. Für zwei Fragen (gekennzeichnet mit einem Symbol) wurden Beispielschauspieler/innen für die Besetzung der Rolle per Folie gezeigt. Im Anschluss an die Erarbeitungsphase wurden die Ideen der Teilnehmer/innen zusammengetragen und es entstand eine kurze Diskussion über die Wahl der Schauspieler/innen. In einer abschließenden Auflösung erfuhren die Seminarteilnehmer/innen dann, dass die präsentierten Schauspieler/innen aus verschiedenen *Effi Briest* – Verfilmungen stammen, unter anderem aus der aktuellen Verfilmung von Hermine Huntgeburth.

Das Arbeitsblatt sollte vor allem die Neugier der Teilnehmer/innen auf den Film wecken und den Blick auf verschiedene Aspekte von Literaturverfilmungen, wie die sprachliche Gestaltung des Drehbuchs im Vergleich zur literarischen Vorlage, wenden. Auf diese Punkte wollten wir dann im fachwissenschaftlichen Teil genauer eingehen.

Durch die Frage zur Wahl der Schauspieler/innen wurden die verschiedenen Charaktereigenschaften der Figuren wiederholt und auf optische Eigenschaften übertragen. Des Weiteren sollte auf spielerische Weise verdeutlicht werden, dass ein Regisseur zahlreiche Entscheidungen zu treffen hat, welche nicht durch die literarische Vorlage vorgegeben sind. Wir nahmen an, dass die Teilnehmer/innen im anschließenden Gespräch feststellen werden, dass sie in vielen Punkten unterschiedlicher Meinung sind. Nicht nur, dass sie die Figuren teilweise unterschiedlich charakterisieren werden, jeder wird auch seine eigene Meinung im Hinblick auf die Besetzung der Rolle haben. Damit wird das wichtigste Ziel dieser Methode deutlich: Die Subjektivität von Literaturverfilmungen zu verdeutlichen.

Zurückblickend kann man sagen, dass die Durchführung dieser Methode im Rahmen der Seminarsitzung sehr positiv verlaufen ist. Die Seminarteilnehmer/innen haben die Fragen motiviert beantwortet und anschließend ist ein Gespräch bezüglich der Wahl der Schauspieler/innen zustande gekommen. Besonders die Bilder von früheren Darstellern haben für Diskussionsstoff gesorgt. Darüber hinaus wurden zahlreiche Beispiele für Besetzungen gegeben. Damit wurde das „Etappenziel", die Neugier auf den Film zu wecken, die Wiederholung von Charaktereigenschaften und die Verdeutlichung der Subjektivität von Literaturverfilmungen, erreicht.

2.2 Vom Text zum Film

(von Franziska Rolapp)

Nachdem die Seminarteilnehmer/innen erste Überlegungen eines Regisseurs mit Hilfe des Arbeitsblattes tätigen konnten, sollte es in einem zweiten Schritt um die künstlerische Gestaltung einer Szene gehen. Hierzu wurden die Teilnehmer/innen in vier Gruppen eingeteilt. Ihre Aufgabe bestand darin, die von uns ausgewählten Szenen zu analysieren und spielerisch umzusetzen.

2.2.1 Aufgabenstellung und Durchführung

Die Aufgabenstellung lautete wie folgt:

> *Stellt euch vor ihr seid Regisseure und sollt ein Drehbuch für euren Film schreiben!*
>
> *Schreibt hierzu einen Auszug eures Drehbuches mit Hilfe der angegebenen Textstelle. Plant eine szenische Darstellung und verwendet dazu das Zusatzmaterial damit eure Szene lebendig wird!*

Die dazu ausgewählten Szenen waren:

1. Ausritt Crampas, Innstetten, Effi (S. 126 – 129 unten)
2. Ausritt Crampas und Effi (S. 129 unten – 133)
3. Gespräch zwischen Wüllersdorf und Innstetten (S. 233 Mitte – 237)
4. Effis Einsicht und Tod (S. 291, 2. Absatz – 296)

Die Romanauszüge wurden von uns bewusst für diese Gruppenarbeit verwendet, da sie zum einen alle wichtigen Charaktere beinhalteten und zum anderen bedeutende Etappen des Romans zeigten. Das Zusatzmaterial sollte die optische Gestaltung der Szene unterstützen. Da wir davon ausgehen konnten, dass sicherlich keiner solche Dinge dabei hatte, stellten wir Buntstifte, Kleber, Schere, Schminkstifte sowie einige Requisiten. Nachdem alle Unklarheiten beseitigt wurden und wir unsere Aufgabenstellung präsentierten, hatten die Studenten/innen circa eine halbe Stunde Zeit sich mit der Szene auseinanderzusetzen und sie so zu präparieren, dass sie am Ende vorführfähig war. In der Zwischenzeit versuchten wir den Film, welchen wir auf DVD besorgt hatten, zum laufen zu bringen. Wir wollten den Seminarteilnehmern nach ihrer Darstellung der Szene das Original von Fassbinder als Vergleich präsentieren. Beim Herumgehen bemerkten wir, dass unsere Aufgabe nicht allen Gruppen leicht fiel, denn den Inhalt des Textes so umzuformen, dass er am Ende spielerisch präsentiert werden konnte, war nicht einfach.

Nachdem alle Studenten/innen mit der Bearbeitung ihrer Szene fertig waren, konnten wir mit der Präsentation beginnen.

Die erste Gruppe stellte das Gespräch zwischen Innstetten, Crampas und Effi am Strand vor. Dabei verwendeten sie den Originaltext von Fontane. Um einen künstlerischen Aspekt in die Szene mit einzubringen, wurden die Stühle als Pferde umfunktioniert. Bevor wir über die dargestellte Szene sprachen, ließen wir zunächst die zweite Gruppe ihre Szene präsentieren, da die beiden Szenen im Roman unmittelbar miteinander verbunden sind. Nachdem beide Gruppen ihre Szenen vorgestellt hatten, erklärten sie uns, was ihre Absichten waren, die Szene so zu präsentieren und welcher Aspekt der Szene für sie am wichtigsten war. Dabei stellte sich heraus, dass sie zum einen den dominierenden Charakter von Innstetten gegenüber dem kindlichen Charakter von Effi zeigen wollten und zum anderen die Affäre zwischen Crampas und Effi deutlicher hervorbringen wollten. Im Buch wird dieser Aspekt angedeutet, jedoch nicht näher erläutert. Beide Szenen kamen den Filmszenen in ihrer Aussage sehr nahe.

Die nächste Gruppe stellte das Gespräch zwischen Innstetten und Wüllersdorf dar. Im Vordergrund dieser Szene steht die Frage nach der Ehre. Soll sich Innstetten mit Crampas duellieren nach so vielen Jahren? Wüllersdorf symbolisiert in dieser Szene das Gewissen von Innstetten. Die Gruppe stellte diesen wichtigen Aspekt sehr genau dar, indem sie den Originaltext an manchen Stellen zu Fragen umformulierte und somit Spannung erzeugte. Hilfreich dabei war es, dass sich die Studenten/innen sehr genau in die Akteure hineinversetzten, um die Ernsthaftigkeit des Themas besser zu präsentieren. Im Film geschieht dies auf eine ähnliche Weise. Der Kurs stellte fest, dass die eingespielte Musik und der eingeblendete Zug die Gefühle von Innstetten wiedergaben.

Die letzte Gruppe setzte sich mit dem Schluss des Romans auseinander. Hier stand zum einen Effis Geständnis und zum anderen ihr Tod im Vordergrund. Die Gruppe griff diese Aspekte zwar auf, aber formte sie zu einem glücklichen Ende um. Die Inhalte des Textes wurden von der Gruppe übernommen und zu einem neuen Skript umgeformt. Ihre Szene begann mit Effis Geständnis, welches die Einsicht hatte den falschen Mann geheiratet zu haben. Außerdem versuchte die Gruppe Effi nun als einen freien Charakter darzustellen, der nicht mehr auf das Wort der Eltern hört. Die Szene endete mit einer Theateraufführung in der Effi die Hauptrolle hatte. Der Gruppe war es wichtig Effi als einen freidenkenden und freilebenden Menschen darzustellen, der seinen eigenen Weg geht ohne in den Zwängen der Gesellschaft zu stecken. Im Film wird der Charakter Effis zunächst durch die Gesellschaft eliminiert und schließlich vernichtet. Der Tod ist der einzige Weg den Effi gehen konnte. Dieser Aspekt wurde lange im Seminar diskutiert. Denn für viele war es schwer nachzuvollziehen, dass ein Mensch sich so stark von der Gesellschaft beeinflussen lassen konnte. Die Darstellung der Gruppe eignete sich daher gut die Unterschiede der bestehenden Gesellschaften zu analysieren. Der Film geht auf eine Zeit ein, die von gesellschaftlichen Zwängen bestimmt wird. Die Gruppe hat unsere Zeit präsentiert, in der jeder das tun kann, was er gerne möchte. Der Kontrast zwischen beiden Darstellungsmöglichkeiten ist dabei sehr deutlich geworden.

In einem letzten Schritt wollten wir von den Studenten/innen wissen, wie leicht oder schwer es ihnen gefallen ist einen Romantext zu einer Szene umzuformen. Da wir bei der Entwicklung dieser Aufgabe selbst bemerkten, dass es nicht einfach sein könnte, waren wir nun auf kommende Reaktionen gespannt. Es stimmten uns alle Seminarteilnehmer/innen zu, dass das Arbeiten mit einem solch komplexen Text nicht leicht zu bewältigen ist. Zunächst müssen viele Entscheidungen getroffen werden, die gut überlegt sein sollten:

1. Verwendung des Originaltextes?
2. Welche Inhalte sollen besonders hervorgebracht werden?
3. Welche szenischen Mittel sollen eingesetzt werden?
4. Wer soll für welchen Charakter eingesetzt werden? etc..

Das Lösen dieser Fragen war für manche Gruppen zunächst nicht einfach. Dies bestätigten sie uns dann auch in der Abschlussdiskussion. Des Weiteren fügten manche Studenten hinzu, dass der zeitliche Aspekt eine wichtige Rolle gespielt hätte. In solch einer kurzen Zeit konnten sie nicht auf alle Details eingehen. Dies wurde aber von uns bei der Aufgabenstellung berücksichtigt.

2.2.2 Intention

Da sich unser Thema mit dem Film von Rainer Werner Fassbinder beschäftigt, wollten wir mit dieser Aufgabe den Ursprung eines Films darstellen. Denn bevor ein Film gedreht werden kann, muss ein Konzept entwickelt und ein Drehbuch geschrieben werden. Unsere Überlegungen hierbei waren, dass die Studenten/innen zum einen mit einem literarischen Film und zum anderen mit unterschiedlichen

Interpretationen eines Romans konfrontiert werden. Bei literarischen Filmen kann der Regisseur auf einen vorhandenen Text zurückgreifen. Jedoch muss auch er sich die Frage stellen, in welchem Maße er den Text übernimmt. Für uns war es im Vorfeld spannend zu sehen, wie dies Fassbinder gelöst hat. Er hat den Originaltext von Fontane eins zu eins übernommen. Sein Bestreben war es das Original mit Hilfe von filmtechnischen Mitteln auszuschmücken und somit die Intention von Fontane zu unterstützen. Aufgrund dieses Wissens wollten wir sehen auf welche Weise sich der Kurs mit dieser Aufgabe befassen würde. Dazu verwendeten wir Szenen, die zum einen ohne großartige Requisiten nachgestellt werden konnten und zum anderen die wichtigsten Charaktere beinhalteten. Als langweilig erschien es uns den Film einfach nur vorzuspielen und daran die wichtigsten Phänomene zu besprechen. Mit dieser Aufgabe gaben wir also den Studenten die Möglichkeit sich zum einen intensiv mit dem Text zu beschäftigen und zum anderen eigene filmtechnische Motive zu entwickeln. Ein Vergleich zwischen der eigenen dargestellten Szene und der von Fassbinder gezeigten, sollte den Studenten/innen ermöglichen die Intention eines Regisseurs besser zu verstehen. Denn wir waren der Ansicht, wenn man selber ein Skript schreibt und sich somit mit einem Text auseinandersetzt, kann man auch die Vorgehensweise eines Regisseurs besser nachvollziehen. Schließlich konnte man nun ungefähr den Arbeitsaufwand und die anstehenden Probleme verstehen

2.2.3 Reflexion

Wie wir bereits mehrfach erläuterten, war es nicht für alle Gruppen leicht sich mit dem Textumfang und der Aufgabenstellung auseinander zusetzten. Dennoch konnten wir nach den einzelnen Präsentationen sehen, dass sich alle Studenten/innen sehr viele Gedanken zu ihren Textstellen machten und diese auch zum Teil sehr kreativ umsetzten. Generell muss man immer davon ausgehen, dass nicht alle Menschen gerne kreative Aufgaben lösen. Umso positiver waren wir überrascht, dass sich alle Gruppen viel Mühe bei der Umsetzung gaben. Diese Aufgabenstellung wurde von uns so konzipiert, dass sie im Seminar umsetzbar war. Sollte sich nochmals eine Gelegenheit ergeben dieses Thema für eine Schulklasse zu verwenden, müsste man überlegen, ob die Aufgabenstellung im Rahmen aller Möglichkeiten genauso umzusetzen ist. Denn man kann davon ausgehen, dass *Effi Briest* in der achten oder neunten Klasse behandelt wird. In diesem Alter sind die Schüler/innen oftmals in der Pubertät. Daher könnte es sich als schwierig erweisen solch eine Aufgabenstellung mit den Schülern bearbeiten zu können. In unserem Fall konnten wir davon ausgehen, dass der Kurs bereit ist mitzumachen und die Aufgabe zielstrebig bearbeitet.

3. Fachwissenschaftliche Erläuterung

In einem ersten Schritt werden wir einen Überblick über die verschiedenen *Effi Briest*-Verfilmungen sowie über die wichtigsten Fakten Fassbinders Leben vorstellen Dann werden wir speziell auf Fassbinders Verfilmung der *Effi Briest* eingehen und im Rahmen dessen Fassbinders Umsetzung der literarischen Vorlage thematisieren. Zur Untermauerung von Fassbinders besonderer filmischer Adaption werden wir seine Version mit der von Luderer (1968) vergleichen und grundlegende Unterschiede erläutern. Ein (filmisches) Werk sollte jedoch auch im Kontext seiner Entstehungszeit gesehen werden, daher werden wir die Hintergründe der DEFA-Verfilmung Luderers aufzeigen. In einem abschließenden Schritt werden Fassbinders filmtechnische Motive anhand von Beispielszenen veranschaulicht und gemeinsam mit den Seminarteilnehmern/innen interpretiert.

3.1 Rainer Werner Fassbinders Biografie

(von Franziska Rolapp)

Nachdem wir unseren didaktischen Teil ausführlich bearbeiteten, kamen wir danach zu den fachwissenschaftlichen Erläuterungen. Dazu überlegten wir uns, dass wir dem Kurs zunächst einen Einstieg an Hand der Biografie von Fassbinder geben wollten. Bei der Biografie versuchten wir deshalb nur die wichtigsten Stationen des Regisseurs zu beleuchten.

Rainer Werner Fassbinder ist am 31. Mai 1945 in Bad Wörishofen (Bayern) geboren. Er galt als der wichtigste Vertreter des Neuen Deutschen Films. Der Regisseur, der auch Filmproduzent, Schauspieler und Autor war, lebte nach seinem Motto: „Viele Filme machen, damit mein Leben zum Film wird". Bis zu seinem 16. Lebensjahr wuchs er bei seiner Mutter Liselotte Eder auf. Trotz seines Schulabbruchs im gleichen Jahr, galt Fassbinder als belesen. Er eignete sich durch das alleinige Studieren philosophischer, gesellschaftskritischer und psychoanalytischer Schriften eine Bildung auf hohem Niveau an. Im Jahr 1963 begann er Schauspielunterricht am Fridl Leonhard Studio in München zu nehmen, wo er auch Hanna Schygulla, die spätere Effi Briest, kennenlernte. Schon als junger Mann drehte Fassbinder seine ersten Kurzfilme mit den Titeln *Die Stadtstreicher* und *Das kleine Chaos*. In den Jahren von 1966 bis circa 1971 versuchte er sich mit mehr oder weniger mäßigem Erfolg an verschiedenen Filmproduktionen. Seinen ersten großen Durchbruch hat er schließlich mit dem Spielfilm *Katzelmacher* von 1970. Hierfür bekommt Fassbinder den Fernsehpreis der Akademie der Darstellenden Künste und die Filmbänder in Gold. Nach diesem erfolgreichen Auftakt erlangt Fassbinder in den nächsten Jahren eine Ehrung nach der nächsten für:

1. die Vollendung von *Effi Briest* im Jahr 1974 und der Präsentation auf der Berlinale
2. den Film *Chinesisches Roulette* im Jahr 1976 mit einer internationalen Besetzung
3. den Film *Die Ehe der Maria Braun* im Jahr 1978
4. den Kinofilm *Lili - Marleen*

Seinen letzten großen Erfolg hatte der Produzent mit dem Drama *Die Sehnsucht der Veronika Voss* im Jahr 1982. Dafür bekam Rainer Werner Fassbinder den Goldenen Bären. Neben seiner Tätigkeit als Produzent und Regisseur gründete er beispielsweise das „antiteaters". Dies beschreibt ein Schauspieler – Kollektiv, welches durch unkonventionelle Theater-, Film- und Fernsehproduktionen auf sich aufmerksam machte. Die Verfilmung von Jean Genets Roman *Querelle* war Fassbinders letzte Produktion. Am 10. Juni 1982 starb der Filmemacher aufgrund der gleichzeitigen Einnahme von Kokain und Schlaftabletten. Nach seinem Tod gründeten seine Mutter uns seine Lebenspartnerin Juliane Lorenz die „Rainer Werner Fassbinder Foundation". Diese Stiftung besitzt heute alle Rechte an Fassbinders Nachlass.

3.2 Verschiedene Verfilmungen des Romans

(von Franziska Rolapp)

Als nächstes verschafften wir dem Kurs einen Einblick über die verschiedenen Verfilmungen, welche bereits zu *Effi Briest* entstanden sind. Dazu versuchten wir das Charakteristische der einzelnen Filme hervorzuheben.

Die erste Verfilmung aus dem Jahr 1939 mit dem Titel „Der Schritt vom Wege" wurde unter der Regie von Gustaf Gründgens geführt. Aufgabe des Filmes war es sich von der Goebbels – Ära abzuheben und möglichst wenig Konzessionen an die NS – Zeit zumachen (vgl. Biener, in: Grawe/Nürnberger 2000:986). Mit Marie Hoppe als Effi Briest glänzte der Film mit seiner künstlerisch anspruchsvollen Aufmachung.

„Angestrebt war bis zu einem gewissen Grad ein Film gegen die Zeit, gegen die Militarisierung des öffentlichen Lebens und gegen die nationalistische Hysterie im faschistischen Deutschland" (vgl. Biener, in: Grawe/Nürnberger 2000:987). Die Besonderheit des Films steckt in seinen Weglassungen und Hinzufügungen. Dafür wurden kleinere Rollen zusammengelegt. Damit der Film die schweren Zeiten der NS – Regierung überbrücken kann, werden in ihm glückliche und unbefangene Charaktere präsentiert. So wurde der Major Crampas als ein „cowboyhafter Pferdezüchter" dargestellt und Effi, die anders als im Roman zurückhaltend auftritt, glänzt hier durch freie unbekümmernde sprachliche Motive. „Hoppe gestaltet überzeugend die Entwicklung Effis von der naiven Natürlichkeit über die Verstellung zu beseelten, resignativen Natürlichkeit" (Biener, in: Grawe/Nürnberger 2000:988).

Die zweite Verfilmung stammt aus der BRD von 1955 mit dem Titel „Rosen im Herbst". Diese Darstellung des Films verschärft den Inhalt des Romans von Fontane. So entfallen beispielsweise der Name Bismarcks, der den unsichtbaren Gegenspieler zur Romanheldin darstellt, das Gespräch zwischen Innstetten und Wüllersdorf über ein Duell mit Crampas und die unverbindliche Verallgemeinerung von Effis Protest nach dem Besuch der Tochter (vgl. Biener, in: Grawe/Nürnberger 2000:990). Ein bedeutender Unterschied zu Fassbinders Verfilmung ist, dass der Regisseur Rudolf Jugert nicht den Originaltext von Fontane verwendet. Er bevorzugt eine Nacherzählung mit aufgelockerten Worten.

Die dritte Verfilmung, welche zum Roman *Effi Briest* entstand, stammt aus der DDR von 1968 mit dem Titel *Effi Briest*. Die Regisseur Wolfgang Luderer gibt den Film in den Proportionen des Romans wieder. „Das führt zur Berücksichtigung von Werkelementen, die in den anderen Verfilmungen reduziert oder gar ignoriert werden" (vgl. Biener, in: Grawe/Nürnberger 2000:997). Die Schauspielerin Angelica Domröse verkörpert die Titelfigur Effi Briest. Dabei war es Luderer wichtig, dass die Romanheldin als eine frische, natürliche, aktive und selbstständige Frau präsentiert wird. Die Rolle des Innstetten verkörpert hingegen das militärische Prinzip. „Der Film

bewegt sich also zwischen künstlerischer Vitalität und kulturpolitischer Regulierung "
(vgl. Biener, in: Grawe/Nürnberger 2000:998).

Die vierte Verfilmung, welche die Grundlage unseres Referats bildet, stammt von Rainer Werner Fassbinder aus dem Jahr 1974. Fassbinder versucht in seiner Inszenierung des Romans die Frau in ihren gesellschaftlichen Zwängen der damaligen Zeit zu präsentieren. Dabei verwendet er zum einen den Originaltext des Romans und zum anderen eine Präsentation in schwarz – weiß Optik. Die ungebundene Jugend sowie die Verlobungs- und Hochzeitsszene Effis spart er dabei aus. „Dafür ist der unmittelbare „Angstapparat aus Kalkül" stark ausgebreitet" (vgl. Biener, in: Grawe/Nürnberger 2000:998). Der Protest Effis am Ende des Romans wirkt hingegen sehr verhalten. Insgesamt wirken die Figuren im Film gebrochen und schattenhaft.

3.3 Das Verhältnis von Literatur und Film

(von Lisa Sangmeister)

Zu Beginn stellte sich uns die Frage: Warum sind Fontanes Romane eine so beliebte Vorlage für Filme? Die besondere ästhetische Voraussetzung, die Fontanes Werke für die filmische Adaption bietet, wird durch Fontanes Romanverständnis verdeutlicht:

> „Aufgabe des modernen Romans scheint mir die zu sein, ein Leben,
> eine Gesellschaft, einen Kreis von Menschen zu schildern, der ein unverzerrtes
> Widerspiel des Lebens ist, das wir führen. [...]"
> (Fontanes Romanverständnis 1886, aus: Grawe/Nürnberger 2000:982)

Dieses Zitat verdeutlicht, dass Fontane durch seine Werke eine Illusion der Realität und damit verbunden Authentizität und Glaubwürdigkeit schaffen will (vgl. Biener, in: Grawe/Nürnberger 2000:983). Sein Stil sei durch eine „unmerkliche Stilisierung"[1] (Biener, in: Grawe/Nürnberger 2000:985) gekennzeichnet, welche er selbst als „maßvolle Modelung" (vgl. Biener, in: Grawe/Nürnberger 2000:982) bezeichnet. Beispielsweise versucht Fontane den Sprechweisen verschiedener Gesellschaftsgruppen besonders nahe zu kommen, indem er deren Alltagssprache verwendet. Dieser beschriebene Wirklichkeitsanspruch und seine Detailtreue verbinden Fontane mit der Filmkunst. Die beiden Medien bieten jedoch unterschiedliche Umsetzungsmöglichkeiten.

---

[1] auch als „kleiner Stil" bezeichnet (vgl. Biener, in: Grewe/Nürnberger 2000:985)

3.3.1 Fassbinders *Effi Briest*

Dies führt zu der Frage hin auf welche Art und Weise Rainer Werner Fassbinder den Roman *Effi Briest* adaptierte. Generell kann man von einem „Ambivalenzcharakter" (Schachtschabel, in: Bae 2006:265) der Verfilmung sprechen. Zum einen findet eine „intensive Inbesitznahme der Vorlage" (Bae 2006:262) statt. Fassbinders Drehbuch ist „primär literarisch" (Villmar-Doebeling 2005:136). Er hält sich exakt an die Vorlage und folgt der Chronologie des Romans, weshalb man von einer „strengen Literaturverfilmung" (Villmar-Doebeling 2005:136) und einer engen Vernetzung von Schrift und Film sprechen kann.

Andererseits macht schon der Untertitel[2] des Films deutlich, dass die Verfilmung eine „perspektivische Lesart" (vgl. Schestag 1993:148) des Romans darstellt. Daher ist Fassbinders Verfilmung der *Effi Briest* sowohl aus erzählender als auch aus rezipierender Perspektive zu verstehen (vgl. Bae 2006: 261). Seine rezipierende Perspektive, als Leser des Werkes, wird beispielsweise in der Themenwahl deutlich. Fassbinder verweist insbesondere auf die Strukturen der Gesellschaft und auf das Leiden des Individuums an der Gesellschaft. Diese subjektive Lesart wird jedoch auf subtile Art und Weise, vergleichbar mit Fontanes „maßvoller Modeling" (vgl. Biener, in: Grawe/Nürnberger 2000:982), vermittelt (vgl. 3.5 Filmtechnische Motive).

> *„Ich meine, man soll an dem fertigen Film ganz klar merken, daß (sic) das ein Roman ist und daß (sic) an dem Roman nicht das Wichtige ist, daß er eine Geschichte erzählt, sondern wie er sie erzählt. [...]*
> (R.W. Fassbinder, Stuttgarter Zeitung 1.12.1972, aus: Schestag 1993:148)

Dieses Zitat Fassbinders verdeutlicht einen weiteren Aspekt seiner filmischen Adaption. Es kommt ihm nicht in erster Linie auf das Romangeschehen, sondern auf das *Wie* der erzählten Geschichte (vgl. Schestag 1993:148), das heißt auf Fontanes spezifische Erzählweise, an. Somit macht Fassbinder seine filmische Auseinandersetzung mit der Romanvorlage bewusst transparent (vgl. Bae 2006:264). Des Weiteren ist Fassbinder bemüht den Zuschauer zur Reflektion anzuregen:

> *„Es ist der Versuch, einen Film ganz klar für den Kopf zu machen, also einen Film, in dem man nicht aufhört zu denken, sondern anfängt zu denken."*
> (R.W. Fassbinder, aus: Berling 1995: 206)

---

[2] *Fontane Effi Briest oder - Viele, die eine Ahnung haben von ihren Möglichkeiten und ihren Bedürfnissen und trotzdem das herrschende System in ihrem Kopf akzeptieren durch ihre Taten und es somit festigen und durchaus bestätigen* (vollständiger Titel Fassbinders Effi Briest- Verfilmung, 1974)

Nun lautet jedoch die Frage wie es Fassbinder gelang seiner filmischen Darstellung interpretatorische Offenheit zu verleihen, welche die Zuschauer/innen zur Reflektion anregt?

3.3.2 Filmtechnische Umsetzung

Dies gelang Fassbinder durch eine Reihe von filmischen Mittel, die im Folgenden dargestellt werden.

Inhalt

Während er die Chronologie des Geschehens streng einhält, behält sich Fassbinder einige Verkürzungen in der Handlung vor. Beispielsweise wird Effis Jugend nur kurz dargestellt. Von Verlobung und der Hochzeit erfährt der Zuschauer nur aus Erzählungen der Eltern Briest. Auch die gesellschaftlichen Ereignisse in Kessin werden nur eingeschränkt dargestellt und die Bismarck-Beziehung fehlt völlig. Dagegen wird der sogenannte „Angstapparat aus Kalkül" betont und im Rahmen dessen das Gespräche zwischen Innstetten und Wüllersdorf detailliert dargestellt (vgl. Grawe/Nürnberger 2000:998).

Fassbinders Drehbuch weist Texttreue zur Romanvorlage in Dialogen und Erzählerpassagen auf. Da Fassbinder das *Wie* des Romans darstellen wollte, hätte eine Veränderung des Textes eine zu große Abweichung bedeutet.

Verzicht auf Farbe

Im Gegensatz zu Wolfgang Luderers Verfilmung 1969 verzichtet Fassbinder auf Farbe[3]. Diese Entscheidung hat „weitreichende Folgen für die Semantik des Films" (Schestag 1993:149) und der Film erinnert an die Stummfilmzeit. Durch den Verzicht auf Farbe werden einzelne bedeutsame Bilder hervorgehoben und „die Beziehung einiger weniger Bildobjekte zueinander zur Geltung gebracht" (Schestag 1993:149). Eine farbige Darstellung würde an dieser Stelle zu ablenkend wirken. Zudem betont der Verzicht auf Farbe den historischen Charakter des Films und verweist auf dessen Entstehungszeit (vgl. Schestag 1993:149).

---

[3] zum Vergleich: Durchbruch des Farbfilms 1937 („Schneewittchen und die sieben Zwerge")

Aufblenden

Auch die sogenannten Aufblenden erinnern an die Stummfilmzeit. Die insgesamt 76 Unterbrechungen[4] unterteilen den Film in Handlungsblöcke. Der Zuschauer wird angeregt die einzelnen Segmente in einen sinnvollen Zusammenhang zu setzen und die inhaltlichen Schwerpunkte zu erkennen (vgl. Schestag 1993:150). Durch dieses filmische Mittel setzt Fassbinder einen gewissen Anspruch an sein Publikum und regt es zur Reflexion an (vgl. Schestag 1993:150).

Inserts

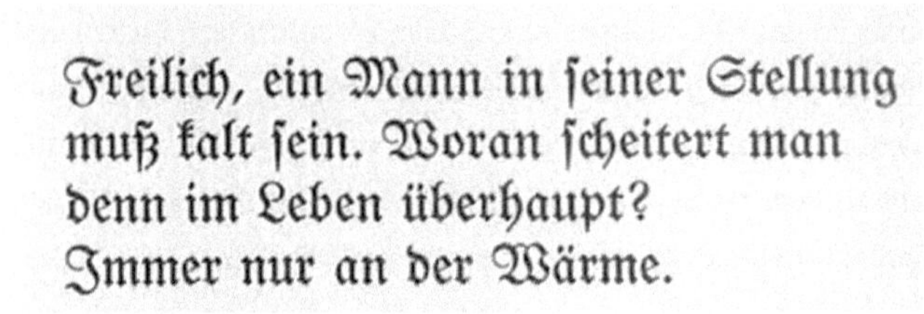

Freilich, ein Mann in seiner Stellung muß kalt sein. Woran scheitert man denn im Leben überhaupt? Immer nur an der Wärme.

Abbildung 1: Insert zwischen zwei Szenen

Die sogenannten Inserts sind in Frakturschrift gesetzte Romanzitate und bilden ebenfalls Unterbrechungen der filmischen Kontinuität (vgl. Schestag 1993:150). Sie bewirken, ähnlich wie die Aufblenden, eine „gesteigerte, literarische Rezeptionshaltung" (Schestag 1993:150) des Zuschauers, da sie häufig keinen oder nur wenig Zusammenhang zur vorhergehenden Szene aufweisen. Mit diesen Romanzitaten tritt Fassbinder als Rezipient, also als Leser, des Romans auf. Durch die Hervorhebung einzelner Aussagen setzt er bestimmte Schwerpunkte. Insbesondere Effis Einsichten und die Thematik ihrer gesellschaftlichen Determiniertheit werden durch die Inserts hervorgehoben (vgl. Abbildung 1). Die Funktionen dieser Inserts sind abermals die Zuschauer zur Reflexion anzuregen und Denkprozesse zu initiieren (vgl. Schestag 1993:150).

Offs

Die sogenannten Offs sind gesprochene Romanzitate von Fassbinder selbst. Das heißt er tritt als auktorialer Erzähler auf, beispielsweise beschreibt er in der Exposition des Films Hohen-Cremmen. Diese Offs machen circa 13 Minuten des

---

[4] es wird eine leere, weiße Leinwand gezeigt

Gesamtfilms aus. Somit scheint der Erzähler, also Fassbinder, immer präsent zu sein.

Inserts und Offs bilden die Nahtstelle zwischen Film und Schrift (Villmar-Doebeling 2005:138). In den Offs verdeutlicht Fassbinder seine erzählende Perspektive. Die Inserts zeigen Fassbinder als Leser, also als Rezipient, des Romans. Sang-Joon Bae zieht in diesem Punkt den Vergleich mit Bertold Brechts Dramaturgie des epischen Theaters. Wie Brecht definiert auch Fassbinder die Rolle des Zuschauers als Beobachter[5]. Darüber hinaus soll durch das Theaterstück, oder in diesem Falle der Film, die Aktivität der Zuschauer geweckt werden (vgl. Bae 2006: 262f).

„Bewegung"

Bewegung und Dynamik sind wichtige Ausdrucksmittel des modernen Film (vgl. Schestag 1993:151), doch Fassbinder verweigert diese gängigen Filmtechniken. Daher kann man von einem „unfilmischen Film" (Schestag 1993:151) sprechen. Der Film ist von einer „eigentümlichen Starre und Bewegungslosigkeit gekennzeichnet" (Schestag 1993:151f). Dies ist beispielsweise in der spezifischen Kameratechnik begründet, welche durch eine sehr lange Einstellungsdauer, im Durchschnitt 28 Sekunden von Schnitt zu Schnitt, gekennzeichnet ist (vgl. Schestag 1993:152).

Abbildung 2: Exposition (Einführung von Hohen-Cremmen mit Erzählerstimme aus dem *Off*)

---

[5] laut Brecht die distanzierte ‚Haltung des Rauchend-Beobachtens' (aus: Bae 2006:262)

Die lange Einstellungsdauer hat zur Folge, dass Objekte leblos, wie aus einem Fotoalbum entnommen, wirken (vgl. Abbildung 2). Das Bild von Hohen-Cremmen wird insgesamt 40 Sekunden gezeigt und von Fassbinder aus dem *Off* kommentiert. Auch die Akteure agieren verhalten und zeigen kaum innere Bewegung. Sie wirken eingefroren und „scheinen neben ihren Rollen zu stehen" (vgl. Schestag 1993:152. Diese Distanz wird durch filmische Mittel wie Spiegel und Schleier erreicht (siehe Abbildung 3). Zudem stimmen optische Nähe, also die Kameraeinstellung, und Akustik häufig nicht überein, was wiederum zu einer Entdramatisierung der Handlung führt (vgl. Schestag 1993: 151).

Abbildung 3: Johanna im Spiegel: Einstellungsdauer: circa 1 Minute

3.3.3 Rezeption des Films

Effi Briest war Fassbinders erster Publikumserfolg für den er 1974 den *Interfilm Award* erhielt (vgl.INT1). Doch es gab auch kritische Stimmen. Fassbinders Rückgriff auf Fontane sei ein Missverständnis (vgl. Biener, in: Grawe/Nürnberger 2000:1000). Er habe Fontane auf die Thematik der gesellschaftlichen Determination vereinseitigt und er hielt diese im Gegensatz zu Fontane für unüberwindbar (vgl. Biener, in: Grawe/Nürnberger 2000:1000). Laut Biener sollte man den Film nicht nur in Hinblick auf Fontanes Vorlage, sondern auch im Kontext von Fassbinders Zeit sehen. Fassbinders *Effi Briest* sei die „künstlerische Antwort auf eine verdinglichte, utopielose gesellschaftliche Wirklichkeit nach dem Auslaufen der 68er Bewegung" (Biener, in: Grawe/Nürnberger 2000:1000).

3.4 Vergleich mit Luderers Verfilmung

(von Lisa Sangmeister)

Bei Wolfgang Luderers Verfilmung der *Effi Briest* handelt es sich um eine DEFA-Verfilmung der DDR aus dem Jahr 1968. Die DEFA[6] ist die „einzige offizielle filmproduzierende Organisation in Ost-Deutschland" (INT2), die 1946 gegründet und 1990 aufgelöst wurde (vgl. INT2). Ziel der DEFA war es die Bürger/innen zum Sozialismus zu erziehen und dem Faschismus entgegenzuwirken. Die DEFA produzierte insgesamt circa 700 Spielfilme, darunter zahlreiche Literaturverfilmungen, wie beispielsweise *Der Untertan* (1951) von Heinrich Mann (vgl. INT2).

Jürgen Wolff gibt in seinem Artikel Anregungen zum Umgang mit Literaturverfilmungen im Deutschunterricht. Unter anderem empfiehlt er eine vergleichende Filmanalyse zwischen Luderers und Fassbinders Version der *Effi Briest* (vgl. Wolff 1981:50). Um den Seminarteilnehmern/innen die wichtigsten Unterschiede der beiden Verfilmungen zu verdeutlichen, stellten wir die Merkmale der Filme gegenüber[7]:

Luderer (1968)	Fassbinder (1974)
- Literaturverfilmung als „Leseersatz"	- Literaturverfilmung als „verfilmter Leseprozess"
➔ Eindimensionalität: direkte Überführung von Roman zu Film	➔ Mehrdimensionalität: Roman wird auf mehreren Ebenen in den Film überführt
- primäres Ziel: Vermittlung von Handlung - authentische Verfilmung des Romans - starke Eingriffe in Fontanes Textmaterial: totale Dialogisierung	- Darstellung von Fassbinders persönlichem Leseprozess - durchgehend Originaltext
➔ Leser des Romans (Luderer) verschwindet hinter den filmischen Bildern	➔ Leser (Fassbinder) des Romans ist anhaltend anwesend

---

[6] Deutsche Film AG
[7] basierend auf Wolff 1981:50f

In einem ersten Schritt charakterisiert Wolff das Verhältnis der Regisseure zu ihrer Vorlage. Das Verhältnis von Wolfgang Luderer zur literarischen Vorlage bezeichnet er als eindimensional, da der Regisseur nicht zwischen Roman und Film trete (vgl. Wolff 1981:51). Es fände keine direkte Reflexion des Regisseurs statt. Nur durch den direkten Vergleich von Film und literarischer Vorlage könne eine Akzentuierung erschlossen werden, beispielsweise wird Effis Hochzeit detailliert dargestellt.

Fassbinder tritt dagegen zwischen Film und Roman, weshalb Wolff von einer Mehrperspektivität spricht. Durch verschiedene Ebenen, wie die des Erzählers, Inserts und Aufblenden, wird dem Zuschauer schnell deutlich, dass es sich um eine Literaturverfilmung handelt und der Erzähler (Fassbinder) omnipräsent ist (vgl. 3.3.2 Filmtechnische Umsetzung).

Der Vergleich zwischen Roman und Film zeigt, dass es Luderer primär um die Vermittlung von Handlung und um Spannungsaufbau ging (vgl. Wolff 1981:51). Er strebte darüber hinaus in erster Linie Authentizität an, weshalb Wolff von einer „Literaturverfilmung als Leseersatz" spricht (Wolff 1981:51), während Fassbinders Verfilmung einen „verfilmten Leseprozess" darstellt (Wolff 1981:51). Fassbinder verwendet durchgehend Originaltext (vgl. 3.3.2 Filmtechnische Umsetzung), selbst indirekte Darstellungsweisen Fontanes werden als solche übernommen. Dagegen nimmt Luderer starke Eingriffe in Fontanes Textmaterial vor: Erzählerpassagen und indirekte Rede werden in Dialoge überführt.

Ein weiterer Unterschied zwischen den beiden Verfilmungen bezieht sich auf die thematische Schwerpunktlegung. Die kritische Darstellung der preußischen Gesellschaft ist bei Luderer ein dominantes Thema (vgl. Wolff 1981:48). Insbesondere in der Szene „Visite auf dem Land"[8] wird die preußische Gesellschaft karikiert. Doch auch in anderen Szenen scheint das Preußentum in Gesprächen sowie durch Kleidung, Interieur (Bild von Bismarck) und Musik ständig präsent zu sein (vgl. Wolff 1981:48). Effi wird als Opfer dieser preußischen Gesellschaft dargestellt.

---

[8] Effi und Innstetten besuchen adlige Güter in der Umgebung Kessins.

Luderes Version der *Effi Briest* kann somit als Lehrfilm über die Nachteile Preußentums bezeichnet werden und ist deutlich am Sozialistischen Realismus[9] orientiert (vgl. Wolff 1981:73). Eine Handreichung der DDR für die 11. und 12. Klasse verdeutlicht aus welchem Grund *Effi Briest* im Deutschunterricht gelesen wurde:

„*[...] Am Beispiel der Hauptpersonen soll ihnen (Schüler/innen) deutlich werden, wie sich reaktionär und unmenschlich gewordene, aus dem Klasseninteresse der Ausbeuter erwachsene Konventionen gegen jene wenden, die sich ihnen unterwerfen.*"
(verbindliche Handreichung zur Behandlung der ‚Effi Briest' im Unterricht: Deutsch 11./12. Klasse, Methodische Hinweise, Volk und Wissen, Volkseigener Verlag, Berlin 1979, aus: Wolff 1981:73)

An dieser Stelle sieht Wolff einen interessanten Anknüpfungspunkt zur Behandlung der Verfilmung im Deutschunterricht:

„*Die Luderer-Version allein gibt für den Literaturunterricht wenig her, es sei denn, man nutzt sie, um eine traditionelle Form der Literaturverfilmung einzuführen oder um exemplarisch in die DEFA-Konzeption von Literaturverfilmungen, die sich am Sozialistischen Realismus orientieren, einzuführen.*" (Wolff 1981:73)

3.5 Filmtechnische Motive

(von Franziska Rolapp)

Wenn wir über die Verfilmung von *Effi Briest* sprechen, müssen wir uns immer die Frage stellen, ob diese eine „Literaturverfilmung" oder ein „literarischer Film" ist. Es gibt viele Aspekte, welche Fassbinder bei der Umsetzung des Filmes wichtig waren, welche die These des literarischen Films stützen. So verwendete er fast in jeder Szene literarische Motive. Diese Motive sind Bausteine eines filmischen Erzählens. Fassbinder setzt sie als Requisiten ein und versieht sie mit spezifischen Bedeutungen. Die eingesetzten Requisiten definieren schließlich die Person, die mit und in ihnen lebt. Dabei wird deutlich, dass das Requisit die Person umklammert. Durch diesen wichtigen Aspekt werden die Menschen letztendlich selber zu Requisiten.

---

[9] „Der Ausdruck *Sozialistischer Realismus* bezeichnet eine Stilrichtung der sozialistischen Kunst, die 1932 vom Zentralkomitee der KPdSU als Richtlinie für Literatur, bildende Kunst und Musik beschlossen und die später für das gesamte sozialistische System verbindlich wurde." (INT3)

Abbildung 4: Das Spiegelmotiv

Das dominanteste Motiv bei der Gestaltung des Films ist der Spiegel. „Er ist ein altes literarisches Motiv, das bekanntlich in Märchen und in Erzählungen der Romantik auftaucht, aber auch in den Romanen und Erzählungen Fontanes von Bedeutung ist" (Schestag 1993:154). Dadurch verbindet dieses Motiv auf besondere Weise den Film Fassbinders mit dem Roman Fontanes. Insgesamt werden 34 Kameraeinstellungen mit dem Spiegel gedreht. Das Spiel mit dem Spiegel bietet der Kamera die Möglichkeit sich von den Darstellungsobjekten zu emanzipieren und lässt verschiedene Bedeutungsintensitäten sichtbar werden: Ambiguität, Imagination und Reflexivität. In der Kameraeinstellung wird sichtbar, dass die Personen und Gegenstände im Spiegel eine Brechung erfahren. Sie erstarren in kalter Reproduktion. Daher ist der Spiegel der eigentliche Akteur der Handlung. Die Personen sind die Marionetten des Geschehens. Des Weiteren verhindern die unterschiedlichen Spiegeleinstellungen die Orientierung beim Betrachter. Dieser kann sich nicht mit den Lokalitäten vertraut machen. „Spiegeleffekte dieser Art verhindern das Entstehen eindeutiger Wahrnehmungen: Alles könnte auch anders sein" (Schestag 1993:154). Der Zuschauer bekommt in den einzelnen Spiegelszenen nicht die eigentliche Person zusehen, sondern deren Abspiegelung in diversen Spiegeln. Dieser Aspekt macht die Korrespondenz mit der Lesart des Romans deutlich.

Abbildung 5: Der Rahmen

Abbildung 6: Das Gitter

Die anderen beiden Motive, das Gitter und der Rahmen, verstärken die Absichten des Spiegels. Dabei hat der Rahmen die Aufgabe eine Szene (Abbildung 5) in zwei Ebenen zu teilen. Das Gitter (Abbildung 6) hingegen verstärkt die Funktion der Gefangenschaft der einzelnen Charaktere.

Wendet man nun die einzelnen Motive auf die Hauptperson Effi Briest an, wird schnell deutlich, dass dieser Charakter in der Gesellschaft gefangen ist. Der Geist Effis ist gefangen in ihrem Körper. Im ganzen Roman kann Effi nur auf eine Gesellschaft regieren, welche bereits alle Entscheidungen für sie getroffen hat.

Deshalb war es für Fassbinder sehr wichtig mit diesen Motiven zu arbeiten. „Sie reflektieren Fassbinders Haltung zur Thematik seines Films und zu seinen Figuren und machen so sein formgewordenes Wirklichkeitsbewußtsein sichtbar" (Bae 2006:288).

„Für mich ist das so, dass die Rituale sich in den Spiegeln fortsetzen und von den Spiegeln gebrochen werden, und ich hoffe, dass sich diese Brechungen in das Unterbewusstsein des Zuschauers einprägen werden, so dass er bereit ist, mit diesen Ritualen, den Endpunkten einer bürgerlichen Lebensform, zu brechen." (R.W. Fassbinder, aus: Bae 2006:288)

3.6 Analyse einer Szene

(von Franziska Rolapp)

Die folgende Analyse soll das Zusammenspiel von Spiegeln, Rahmen und Gitter verdeutlichen und gleichzeitig die Intention Fassbinders darstellen. Es handelt sich dabei um die Szene, in der Effi ihre Tochter zum ersten Mal nach der Trennung von Innstetten wiedersieht.

Abbildung 7: Szene: Wiedersehen

Im ersten Bild werden alle drei Motive sichtbar. Der Türrahmen teilt das Bild in zwei Ebenen. Der offene Flügel der Spiegeltür zeigt, dass Roswitha im Hintergrund des Zimmers ist. Effi, welche man nur durch die Spiegeltür wahrnimmt, steht im Vordergrund. Das dritte Motiv, das Gitter, ist in der Spiegeltür enthalten. Der Betrachter kann Effis Spiegelbild nur gebrochen wahrnehmen, da das Gitter ihr Bild teilt.

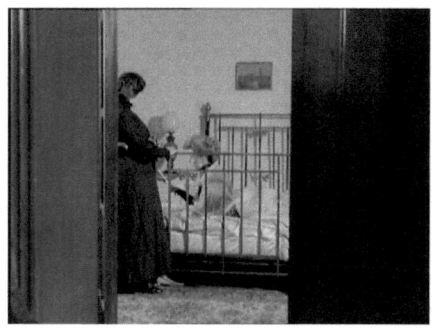

Abbildung 8: Szene: Wiedersehen

Im zweiten Bild sitzt Effi auf dem Bett. Vor ihr befindet sich das Bettgitter, welches eine Art Gefängnis symbolisiert. Insgesamt wirkt dieses Bild sehr beengt, da die Kamera direkt durch den Türrahmen schaut. Effi wird als eine Frau gezeigt, welche aus dem räumlichen und zeitlichen Kontext nicht herauskommt.

Abbildung 9: Szene: Wiedersehen

Das dritte Bild zeigt ein Gemälde, auf dem die Fortbewegungsmittel der damaligen Zeit dargestellt sind. Fassbinder hat hier den Aspekt des bürgerlichen Lebenszusammenhangs aufgegriffen. Es stellt ein Zwangszusammenhang dar, dem die Menschen nicht entrinnen können. Aus diesem Gemälde tritt die unpersönliche, künstliche und zwanghafte Lebenswelt hervor. Durch die Kunst reproduziert Fassbinder diesen Zwangszusammenhang.

Abbildung 10: Szene: Wiedersehen

Das nächste Bild zeigt Anni, Effis Tochter. Die Kamera schaut dabei wieder durch den Rahmen. Dieser symbolisiert eine Barriere zwischen Mutter und Tochter. Denn Anni befindet sich somit in einem anderen Zimmer. Das Spiegelbild Effis, welches in der Spiegeltür sichtbar wird, zeigt Effis Angst vor der Tochter nicht bestehen zu können. Anni hingegen gleicht einem Engel. Sie steht vor einer Zimmerpalme, welche die Flügel eines Engels verkörpert. Alles deutet darauf hin, dass Effi die Schuldige über die geschehenen Dinge ist.

Abbildung 11: Szene: Wiedersehen

Dieser Aspekt findet schließlich seinen Höhepunkt im nächsten Bild. Effi kniet vor einem Stuhl. Die Stuhllehne besteht aus einer schmiedeeisernen Rosette, welche die Motive Gitter und Rahmen verdeutlicht. Da das Gesicht halb von der Rosette verdeckt ist, erhält diese Bild den Charakter eines Beichtstuhls. Verschärft wird dieser Aspekt durch den vorsichtigen Protest Effis. Die abgebildete Rose symbolisiert das Leid und den Schmerz Effis über ihre Ehe und das Verhalten ihrer Tochter.

Abbildung 12: Szene: Wiedersehen

Im letzten Bild wird Effi krank im Bett dargestellt. Der schwarze Bettrahmen grenzt sie dabei ein. Die Szene wirkt auf den Betrachter wie ein Totenlager. Das hinzukommende Gittergeflecht am Anfang und am Ende des Bettes verschärft diesen Aspekt und verleiht dem Bild den Charakter einer Gruft. Effi liegt zum Zeichen ihrer Sühne oder auch um Buße zu tun in „ihrem eigenen Sarg".

Nach abschließender Betrachtung dieser einzelnen Szenen wird deutlich, dass die von Fassbinder eingesetzten Requisiten die Personen nicht nur umgeben, sondern sie vielmehr definieren. Sie machen ein eigenständiges Leben quasi unmöglich. Fassbinder selbst verwendet dazu einen Satz, welchen Fontane der Hauptperson Effi zuteilte:

> „'Es ist komisch, aber ich kann eigentlich von vielem in meinem Leben sagen: beinahe.' Fassbinders Film ist, in seiner Gesamtheit, die vermittelte Ausdrucksform jenes `beinahe´: der Zwänge nämlich, die an der Verwirklichung des Selbst hindern" (Schestag 1993:160).

4. Fazit

(von Franziska Rolapp und Lisa Sangmeister)

Nachdem wir alle Punkte unseres Referates bearbeitet haben, wollen wir kurz zusammenfassen, welche Probleme und Besonderheiten für uns wichtig sind. Der didaktische Teil wurde von uns bewusst als Einstieg in unser Thema gewählt. Zum einen diente er als Vorbereitung auf die anstehenden Merkmale eines literarischen Films und zum anderen sollte er den Kurs auflockern. Des Weiteren war es uns wichtig die Eigeninitiative und Kreativität der Studenten/innen somit zu fördern. Den didaktischen Teil empfanden wir als sehr erfolgreich und wir waren von der Motivation und Diskussionsbereitschaft der Teilnehmer/innen positiv überrascht. Sowohl das Arbeitsblatt als auch das Rollenspiel schien den Teilnehmer/innen Spaß zu machen und sie zur weiteren Arbeit mit dem Film zu motivieren. Wir denken, dass durch diese Aufgaben die Grundlagen für den fachwissenschaftlichen Teil gelegt wurden: Die Teilnehmer/innen beschäftigten sich zuvor mit den „Aufgaben" eines Regisseurs. Diese Reihenfolge erschien uns sinnvoll.

Im fachwissenschaftlichen Teil war es uns dann wichtig die Besonderheiten des filmischen Erzählens darzustellen. Schnell stellten wir fest, dass die Verfilmungen von Fontanes *Effi Briest* einen weiten Themenkomplex darstellen und eine Schwerpunktlegung daher unbedingt nötig ist. Letztendlich entschieden wir uns, vor allem die filmische Adaption einer Literaturvorlage und die damit verbundene filmtechnische Umsetzung zu thematisieren. Diese Thematik würde sich auch im späteren Deutschunterricht anbieten, um die spezifischen Unterschiede der beiden Medien zu verdeutlichen (siehe Einleitung). Dennoch wollten wir den Seminarteilnehmern/innen die Grundinformationen über Fassbinders Leben und einen Überblick über die verschiedenen Verfilmungen nicht vorenthalten. Die filmtechnischen Motive veranschaulichten wir bewusst mit einigen Beispielszenen, um deren Bedeutung für die Teilnehmer/innen nachvollziehbar zu machen.

Im Nachhinein hätte der theoretische Teil etwas kürzer ausfallen müssen, da er viel Zeit in Anspruch nahm. Die Auswahl fiel jedoch schwer angesichts der Fülle an Informationen, die das Thema zu bieten hat.

Die Vorbereitung des Referats war für uns sehr arbeitsintensiv, da wir zuvor keine Erfahrung mit der medientechnischen Aufbereitung von Filmen hatten. Dennoch hat uns die Vorbereitung Spaß gemacht und stellte eine gute Vorbereitung für den Umgang mit Literaturverfilmungen in unserem zukünftigen Unterricht dar.

5. Literaturverzeichnis

Fassbinder, Rainer W.: *Fontane Effi Briest*. Spielfilm, BRD 1972-74, Arthaus, 2005.

Bae, Sang-Joon: Rainer Werner Fassbinder und seine filmästhetische Stilisierung, Marburg, 2006.

Biener, Joachim: Fontane in den audiovisuellen Medien, In: Fontane-Handbuch. Hrsg. von Christian Grawe und Helmuth Nürnberger. Stuttgart 2000: S.983-1007.

Schestag, Uda: Literaturverfilmung und literarischer Film? Überlegungen zum Verhältnis von Literatur und Film am Beispiel von Rainer Werner Fassbinders *Effi Briest*-Verfilmung, In: Das Verstehen von Hören und Sehen – Aspekte der Medienästhetik. Hrsg. von Josef Fürnkäs et. al. Bielefeld 1993: S.148-161.

Villmar-Doebeling, Marion: *Effi Briest* (Theodor Fontane – Rainer Werner Fassbinder). Zum filmischen Spiegel-Portrait des weiblichen Subjekts und deren Ausstreichung, In: Literaturverfilmungen. Hrsg. von Anne Bohnenkamp. Stuttgart 2005: S.137-144.

Wolff, Jürgen: Verfahren der Literaturrezeption im Film, dargestellt am Beispiel der *Effi Briest*-Verfilmung von Luderer und Fassbinder, In: DU 33 (1981), H.4, S.47-75.

Internetquellen:

[INT1]
http://www.filmportal.de/df/fb/Artikel,,,,,,,,ECFEFBD0BBC74A0AE03053D50B37150A,,,,,,,,,,,,,,,,,,,,,,,,,.html, Zugriff: 16.11.2008

[INT2]
www.dhm.de, Zugriff: 16.11.2008

[INT3]
http://www.swr.de/swr2/programm/sendungen/erlebte-geschichte/glossar/-/id=1610156/pim=true/nid=1610156/did=1727714b56g5n/index.html, Zugriff: 16.11.2008

6. Anhang

Stell dir vor...

...du bist Regisseur und willst eine neue Version von Fontanes Roman *Effi Briest* verfilmen. Treffe folgende Vorüberlegungen...

1. Wie würde deine Hauptdarstellerin aussehen? Entspricht eine dieser Schauspielerinnen deiner Vorstellung?

2. Wie müsste der ideale Schauspieler für Innstetten aussehen? Welchen aktuellen Schauspieler würdest du wählen?

3. Würdest du den Fontanetext eins zu eins übernehmen oder der heutigen Sprache anpassen?

4. Auf welche Szene/n bzw. auf welchen Aspekt würdest du bei deiner Verfilmung besonderen Wert legen?

5. Entspricht dieser Schauspieler deiner Vorstellung von Crampas?

BEI GRIN MACHT SICH IHR WISSEN BEZAHLT

- Wir veröffentlichen Ihre Hausarbeit, Bachelor- und Masterarbeit

- Ihr eigenes eBook und Buch - weltweit in allen wichtigen Shops

- Verdienen Sie an jedem Verkauf

Jetzt bei www.GRIN.com hochladen und kostenlos publizieren